パリ在住の料理人が教える

# 作りおきできる
# フランスのお惣菜

えもじょわ

KADOKAWA

## はじめに


「フレンチ」というと、手の込んだ高級料理が連想されがちですが、フランスの一般家庭で実際に食べられているのは、もっと素朴なお惣菜です。

フランスの家庭料理のよさは、素材やハーブ、スパイス類の組み合わせでおいしく作れてヘルシーであること、ヨーロッパや地中海周辺各地の料理の影響も受けて多彩であることです。

そして、煮込みや酢などに漬ける調理法が多く、日もちのするお惣菜は、なにより作りおきに向いています。それもメリットのひとつです。

女性の社会進出が盛んなフランスでは、日本で作りおきがブームになるずっと前から、こうした保存のきく料理を活用していました。

平日の夕食には作りおきしていた料理を並べ、がんばりすぎないという合理性を持ち、週末は友人や家族とともにゆっくり食事をとる時間を大切にするのが、フランスの食のスタイルです。


本書では、そうした「作りおき」の本場パリで愛されている家庭料理の数々を紹介してみたいと思います。ササッと作れて翌日まで日持ちするサラダから、1カ月もつ保存食までさまざまな作りおきレシピを集めてみました。

フランスの家庭の味を楽しんでいただくとともに、日々の食事の支度が少しでもラクになり、料理や食事の時間を楽しむヒントになれば幸いです。


えもじょわ

## Contents

はじめに　2
フランスの食生活事情　8

# 1 野菜の簡単お惣菜　12

きゅうりのサラダ　14

キャベツのオンブーレ
（キャベツとベーコンのワイン蒸し）　16

カリフラワーのカレー風味　18

マッシュルームのギリシャ風
（マッシュルームのトマト煮コリアンダー風味）　20

ポワローヴィネグレット
（ねぎのマスタードドレッシング）　22

にんじんのグラッセ　24

## 2 使い回しのきく保存食 26

ギリシャ風ピクルス（オリーブ炒めマリネ） 28

ピクルス 32

豚肉のリエット（豚肉のペースト） 34

鶏レバーのパルフェ
（オーブン焼きクリーミームース） 38

鶏レバーのムース（簡単ムース） 40

パテ・ド・カンパーニュ（豚肉とレバーのパテ） 42

ブルギニョンバター（エスカルゴバター） 46

## 3 煮込み 48

仔羊のナヴァラン（羊肉の煮込み） 50

アショア（バスク風煮込み） 54

ポテ（豚肉とキャベツのポトフ風） 56

魚介とじゃがいもの軽い煮込み 58

鶏肉のバスケーズ（バスク風鶏のトマト煮） 62

コック・オ・ヴァン（鶏肉の赤ワイン煮） 66

ワーテルゾーイ（ベルギー風クリーム煮込み） 70

イタリア風ミートボール 74

ウフ・アン・ムーレット
（ポーチドエッグの赤ワインソース） 76

クスクス 78

# 4 オーブン料理 82

サーモンのパルマンティエ
（鮭とマッシュポテトのオーブン焼き） 84

タルティフレット
（じゃがいもとベーコンのチーズ焼き） 88

生地なし簡単キッシュ 90

トマトファルシ（トマトの肉詰め） 92

夏野菜のティアン（南仏風野菜グラタン） 96

# 5 お弁当のおかず 98

ポタージュサンジェルマン
（グリーンピースのポタージュ） 100

コルドンブルー（ハムとチーズ入りカツ） 104

ズッキーニファルシ＆ミニトマトファルシ
（ズッキーニとミニトマトの肉詰め） 106

ファラフェル（中東風ひよこ豆のコロッケ） 110

# 6 デザート 114

サブレディアマン（アイスボックスクッキー）　116

ブールドロ（りんごのパイ包み）　120

ファーブルトン　122

ヨーグルトとフルーツのヴェリーヌ　124

洋梨のコンポート　126

**この本の使い方**

＊計量単位は小さじ1＝5㎖、大さじ1＝15㎖です。

＊保存期間は作る環境や器具、食材、保存容器の衛生状態、保存温度によっても変化するので、表示した日数は目安として考え、食べる前に必ず確認してください。

＊オーブンの焼き時間はあくまでも目安です。型の大きさや深さ、オーブンの機種によっても差がありますので、お持ちのオーブンの特徴をつかんで調整してください。

撮影／えもじょわ
デザイン／林 陽子（Sparrow Design）
校正／麦秋アートセンター
フランス語監修／明石伸子
編集／細川潤子
協力／山内麻衣

フランスの食生活事情 1

# フレンチ惣菜は
# 作りおきできるものばかり

フランスの家庭料理であるお惣菜。これらはほとんどが作りおきできるものといっても過言ではないでしょう。簡単で何日かおいしく食べられるお惣菜は、日本でもぜひ作ってほしいものばかりです。
フランスの作りおき、保存食として代表的なのは「シャルキュトリー」と呼ばれる肉の加工品、ソーセージ、ハム、サラミ、パテ、コンフィやリエットなどです。コンフィは大量の脂の中で肉や砂肝を煮込み、そのまま保存したもの。リエットは豚肉をじっくり煮て繊維がほぐれるぐらいまでつぶし、ペースト状にしたもの。どちらも脂が冷えるとかたまり、表面を覆うことで、食品が空気に触れないようになります。これが保存性を高めます。冷蔵庫のない時代に考えられた保存食です。
それからチーズも保存食といえますね。この二つはフランスの食文化には欠かせないもので、家庭でよく食べられるものです。ただし、チーズはもちろん、シャルキュトリーもいまではお店で買ってくるものになっています。

では、家庭での作りおきのお惣菜は？といえば、まずは煮込み料理でしょう。肉や魚をそのままワインや水で煮るものから、一度焼いてから煮込むものまで。煮込みは翌日に温め直して食べてもいいですし、多めに作れば数日間おいしく食べられます。
そして野菜料理。煮込み野菜はもとより、焼いた野菜でもゆで野菜でも味つけをして酢やオリーブオイルを加える、マリネのようなお惣菜も多く食べられています。保存性は劣りますが、きゅうりなど生の野菜をマリネしたものも人気があります。
ほかにはオーブンで焼いた料理。野菜をそのまま焼いたものから、肉と一緒に焼いたもの、肉や野菜に詰めものをして焼いた料理など……。これらはお惣菜屋さんによく並んでいる料理ですし、家庭でも作られています。

左上／町にはピクルスやチーズなどの保存食を扱う店が多くある。右上／フルーツのコンポートはデザートに。左下／自家製ピクルスは格別の味。右下／リエットは伝統的な保存食のひとつ。

　フランスの家庭では忙しい平日などに、これらの作りおきをうまく利用します。肉の加工品やチーズ、バゲットを買って、時間のあるときに作っておいたスープや煮込み料理を温めて食べます。そして食後はフルーツかヨーグルトかフロマージュブランに砂糖やジャムを入れて食べる……。そんな夕食が多いようです。
　平日は作りおきと、買ってきたものですます。質素かもしれませんが、かなり合理的な食事です。
　フランスは、専業主婦の割合が少ないので、日常の食事の準備に時間がかけられないという理由もありそうです。だから休みの日に少し時間をかけて料理を作る、というのが普通だと思います。

　ところで、作りおきの注意として、プロが厨房で食品の保存性を高めるために気をつけていることがあります。清潔な保存容器に保存すること、傷みやすい食品の加熱後は一気に冷却すること、保存温度を管理することなどです。さらに一番大事なのは、むやみに手や空気に触れさせないこと。たとえばパテ・ド・カンパーニュを切り出すときは容器から直接切り出します（P 45参照）。容器からはずして手を触れ、空気に触れ、まな板に置いたらそこで菌が付着します。手やまな板をいくらきれいに洗っていても菌は存在しますし、空気中の菌は防ぎようがないのです。
　ピクルスも生野菜をそのままピクルス液に入れるだけではあまりもちません。きれいに洗った野菜でもその表面には細菌が付着しているからです。一度熱湯に入れて殺菌してから酢漬けにするとかなり保存性が高まります。瓶を殺菌したり、瓶内を真空にすればもっと保存期間が延びます。そして、ピクルスの瓶から野菜を取り出すときは清潔な道具を使いましょう。これらは、ご家庭で作りおきをするときに参考にしていただきたいことです。

### 朝食

フランス人の代表的な朝食はパンとカフェオレ、フルーツジュース。パンにはジャムをたっぷり塗って。

### 昼食

パリはBentoがブーム。ヘルシーな昼食ならサラダだけ、キッシュやパスタ、ご飯とアジア系のおかずを入れたものも。写真はコルドンブルーとパスタ。

　フランスの食生活事情 2

# フランスのふだんの食事は意外に質素

　朝はパンとコーヒー（カフェオレかエスプレッソかエスプレッソを薄くしたカフェアロンジェ）、フルーツジュースが一般的です。最近はパンの代わりにシリアルやクッキーを食べることも多いようですね。ときどき通勤時の電車の中でクッキーを食べている人を見かけたりします。
　焼きたてのクロワッサンやパンオショコラを食べるのはやはり休日でしょう。ゆっくり起きて、パン屋に焼き上がったばかりのクロワッサンを買いに行くのは優雅な休日の朝、という感じでしょうか。

　昼はサンドイッチが圧倒的に多いと思います。お昼になるとパン屋さんにバゲットにチーズ、ハム、鶏肉、ツナといった具を挟んだ多種多様なサンドイッチが並びます。これらは夕方になるとすっかりなくなっています。
　そのほか、最近はこちらでも日本のようなお弁当が注目されています。お弁当が流行っている理由のひとつに、フランスでは外食費がとても高いということがあるかもしれません。日本のように手軽な値段で外食することは難しいです。ファストフードでなければ最低でも2000円から3000円はします。
　コルドンブルーとゆでただけのパスタやサラダとハムを持ってきて、昼休みになると職場の近くで購入してきたバゲットを、同僚と分け合うなどが多いのではと思います。これがフランスのお弁当のスタンダードだと勝手に思っています。
　お弁当は日本の文化なので、フランスでBentoといえばご飯が入っている日本的なお弁当がイメージされます。Bentoもすっかりパリに受け入れられ、お弁当屋さんがあちこちにできています。

　そして夕食ですが、平日はスープ＋パン＋チーズやハム＋フルーツが多いかもしれません。料理は作ってもスープ。スープは家庭で最も作られ、最も食べられる料理です。スープは野菜だけのものから、肉

店先で焼かれたローストチキンをテイクアウト。

スーパーにずらっと並ぶハム。ジャンボンブランだけで7〜8列。

## 夕食

平日の夕食は作りおきしたスープが活躍する。スープペイザンヌは多めの野菜とベーコンかソーセージか豚の塩漬けの簡単なスープ。これにジャンボンブラン、チーズ、バゲット、デザートが日常的。

の加工品などを入れたもの、ジューサーミキサーにかけてなめらかにしたもの、トマトや生クリームを加えたものなど。これらは作りおきし、温め直してもおいしく食べられます。
ですから逆に外食でわざわざ頼もうとする人が少ないためか、レストランには一般的なスープのメニューはありません。コース料理でもスープは挟みません。あるとしても家庭ではなかなか作れない手間がかかるスープで、オニオングラタンスープ、ビスク（甲殻類のスープ）やブイヤベースなどです。
スープとともにハムもよく夕食に登場します。多いのはジャンボンブランと呼ばれるハムで、絶妙な火加減で火入れされたしっとりとしたゆでハムです。デザートはフルーツ、ヨーグルト、フロマージュブランなどの乳製品か、スーパーなどで買うプリンやらティラミスなども。スーパーにはこうしたデザート類をはじめ、たくさんの種類のハム類、パック詰めされたスープ、冷凍食品などが並んでいるコーナーもあります。また、お惣菜やローストチキンなどを売っているお店も数多くあります。
「最近の若い人は料理しないので、子どもにもよくない」などとテレビで討論番組をやっていたりもしますから、若い世代では夕食さえ買ってくる傾向は強いと思います。

そして、週末には友人を自宅に招いて一緒に食事をすることが多いのもフランスの食文化の特徴です。フランス人宅で食事会、というと品数が豊富で大層おいしいものが出てきそうなイメージですが、フランスの家庭では食事内容というより会話、ともに過ごす時間を尊重します。ゲストに気を使わせたくない気持ちがあり、「あなたのうちにいるように過ごしてくれていいのよ」とよく言います。料理もふだん通り、時間があればほんの少し手の込んだ料理を出し、友人を招くときでもがんばり過ぎないのがフランス人。贅沢な食材を使い、品数も多く食べきれないくらいのごちそうを作ってもてなすよりも、招いた友人との楽しいひととき、家族のようにもてなすのがフランス流のおもてなしです。

# 1 野菜の簡単お惣菜

フランスで野菜が買える場所はスーパー以外に八百屋やマルシェなどがあります。町にはスーパーがいたるところにありますが、それ以上に八百屋の数が多く、夕方はレジに行列ができるほどにぎわっています。スーパーよりも商品の管理が行き届いていて、高品質な野菜や果物が手に入ります。またマルシェには何軒もの野菜を扱うお店があり、お店の特徴も多種多様です。どのお店も日本のようにパック詰めされたものはそれほど多くなくて、大きさ、形ともにさまざま。野菜もフランス人と同じで個性的です。まずはそんな野菜を使った、サッと作れて翌日もおいしいお惣菜からスタート。作りおきしたいときは、レタスやベビーリーフなどの葉物は避け、加熱するか生でも水気をよくきってから作りましょう。

# きゅうりのサラダ

Salade de concombre

ヨーグルトときゅうりはギリシャなどでは定番の組み合わせ。
真夏の熱い日に食べるこのサラダはさっぱりとしていて、ハーブの爽やかな風味が食欲をそそります。
ハーブをたっぷりと加え、食べるのはしっかりと冷やしてから。

材料（4人分）

きゅうり　400g（日本のきゅうりで約4本）
塩　小さじ2/3（4g）
A ┌ 無糖ギリシャヨーグルト　150g
　├ レモン汁　1/2個分
　├ エクストラバージンオリーブオイル　30㎖
　├ おろしにんにく　1/3片分
　└ 塩　ひとつまみ

ミント、ディル、セルフィーユ、
シブレットなどお好みのハーブ　適量

◆保存期間/冷蔵庫で2〜3日

きゅうりのサラダ

作り方

1 きゅうりは3〜4mm厚さの輪切りにする。

2 きゅうりにまんべんなく塩をまぶし、手でよく混ぜ合わせて15分おく。

3 ハーブはちぎったり、刻んで小さくする。

4 ボウルにAを入れて、よく混ぜる。

5 きゅうりから出た水を捨てる。

6 キッチンペーパーなどを使って水気をよくきる。

7 ボウルにきゅうり、4、ハーブを入れる。

8 よくからめ、冷蔵庫で冷やす。

9 器に盛り、お好みのハーブを散らす。

15

# キャベツのオンブーレ

Embeurrée de choux

「オンブーレ」はバターを加え、風味づけしたという意味です。
バターの風味を生かして料理すると、キャベツの甘さが一層引き立ちます。
シンプルだからこそ、キャベツのおいしさを再発見できるでしょう。

材料（つけ合わせとして6人分）

ベーコン（細切り）　100g
ちぢみキャベツ（またはキャベツ）　400g
白ワイン（または水）　50mℓ
バター（無塩または有塩）　80g
塩、こしょう　各適量

◆保存期間/冷蔵庫で3日

キャベツのオンブーレ

作り方

1

キャベツは葉を1枚ずつはがし、水洗いして水気をきる。

2

葉の部分とかたい芯の部分を分ける。

3

葉の部分は1cm幅に、芯の部分は薄切りにする。

4

鍋でベーコンを炒める。

5

キャベツと白ワイン、バターを加え、塩をふたつまみ(約1g)ほどふる。

6

ふたをして初めは中火で、徐々に火を弱めて15〜20分加熱する。

Point
5分間隔を目安に、全体にむらがなく火が通るように材料を混ぜます。

7

塩、こしょうで味をととのえる。

8

出来上がり。

17

# カリフラワーのカレー風味

Chou-fleur au curry

フランスではカリフラワーをそのまま丸ごとローストして食べることもあります。
香りよく焼かれたカレー風味も人気の1品。フライパンで香ばしい焼き色がつくように焼きましょう。
カリフラワーにカレーはとてもよく合い、ひとりで1株食べられるほどです。

材料(2〜4人分)

カリフラワー　約1株(400g)
オリーブオイル　大さじ2(30㎖)
塩　小さじ2/3(4g)
カレー粉　小さじ1(2g)

◆保存期間/冷蔵庫で3日

カリフラワーのカレー風味

4　塩、カレー粉をふり、手でよく混ぜて全体にまんべんなく味をつける。

作り方

1　カリフラワーは小房に分け、ひと口大に切る。

5　冷たいフライパンにカリフラワーの切った面を下にして並べ、火を強火にして加熱する。

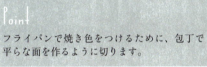

Point
フライパンで焼き色をつけるために、包丁で平らな面を作るように切ります。

6　フライパンが熱くなり、カリフラワーの焼ける音がしてきたら、ふたをして弱火で10〜12分焼く。

2　カリフラワーにオリーブオイルをかける。

7　ふたを取り、カリフラワーがやわらかくなっていたら火を止める。焼き色をもう少しつけたい場合は強火にして、好みの焼き目をつける。

3　手で混ぜてよくオイルをからませる。

8　出来上がり。

# マッシュルームのギリシャ風

Champignons à la grecque

ギリシャ風の料理にはコリアンダーがよく使われ、パリのお惣菜屋さんではマッシュルームのトマト煮込みにコリアンダーのキリっとした香りを加えてギリシャ風にします。
野菜、素材の組み合わせだけで新しいおいしさに発展させようとする、お惣菜屋さんの定番料理です。

材料（4人分）

マッシュルーム　500g
玉ねぎ　100g
にんにく　1片
コリアンダーシード（あれば）　15粒
オリーブオイル　適量
白ワイン　100mℓ

ローリエ　1枚
トマトピューレ　200g
レモン汁　1/2個分
塩　小さじ2/3(4g)

◆保存期間/冷蔵庫で3〜4日

マッシュルームのギリシャ風

作り方

## 1
マッシュルームの汚れは、さっと洗うなどして取り除く。マッシュルームは大きすぎれば半分に。加熱後は約半分になるので、小さいものはそのままでよい。

## 2
玉ねぎ、にんにくはみじん切りにする。

## 3
コリアンダーシードは、底が平らな食器や鍋を使って砕く。

## 4
油を薄くひいた鍋に2を入れ、弱火〜中火で炒める。
茶色くなるほど炒める必要はない。玉ねぎが透き通ればOK。

## 5
白ワインを加え、沸騰させてアルコールを飛ばす。

## 6
トマトピューレ、レモン汁、つぶしたコリアンダーシード、ローリエ、塩を鍋に加えて沸騰させる。

**Point** 焦げつかないようにヘラでかき混ぜながら加熱します。

## 7
マッシュルームを6に加え、よく混ぜる。

## 8
5分間隔を目安に、ヘラで材料を混ぜ合わせながら、ふたをして弱火で25〜30分加熱する。器に盛り、お好みでハーブを散らす。

# ポワローヴィネグレット

Poireaux vinaigrette

ポワローは日本の長ねぎよりかなり太く、筋がしっかりとしています。
風味は長ねぎそっくりで、加熱すると辛みがなくなり、甘さが強調されます。
シンプルにゆでて、酸味のあるドレッシングで味つけし、ポワローが主役の前菜に。温かくても冷たくしても美味。

材料（4人分）

ポワロー　4本
エシャロット　1個
ディジョンマスタード　10g
サラダ油　100mℓ
酢　100mℓ
（シェリービネガー、白ワインビネガー、
またはりんご酢など）

砂糖　小さじ2
塩　ふたつまみ(1g)
こしょう　少々

◆保存期間/冷蔵庫で2〜3日

ポワローヴィネグレット

作り方

**1**
ポワローは葉先のかたい部分を切り落とし、3等分の長さに切る。

**4**
鍋に湯を沸かし、塩適量（分量外）を入れてポワローを加え、ふたをして塩ゆでする。
ここでしっかりとポワローに下味がつくように、ゆで汁にも塩味をつけてからゆでる。

Point
葉の部分は土が中まで入り込んでいることが多いので、1枚1枚はがしてよく洗います。

**5**
ポワローがやわらかくなるまでゆでる。

**2**
エシャロットはみじん切りにする。

**6**
ざるに上げ、よく水気をきる。

**3**
ボウルにマスタード、油、酢、砂糖、塩、こしょうを混ぜ、2を加えて混ぜ合わせる。

**7**
ポワローが熱いうちに器に盛り、3をかける。お好みでハーブを散らす。

# にんじんのグラッセ

Carottes glacées

野菜の塩ゆでは、そのまま水で煮ると味が薄くなってしまいます。ですが、少量の水と風味づけのバターで、水に溶け出た野菜の味を元に戻すように煮含めると、にんじんの味が濃いまま味わえるようになります。新にんじんの季節にぜひ作りたい料理です。

### 材料（作りやすい分量）

にんじん（ミニキャロット）　700g
無塩バター（有塩バターでもよい）　30g
きび砂糖　小さじ1（5g）
塩　ふたつまみ（1g・有塩バターを使う場合は塩ひとつまみに）
水　適量

◆保存期間/冷蔵庫で2〜3日

にんじんのグラッセ

作り方

1

にんじんは洗って皮をむき、平たい鍋やフライパンに重ならないように並べる。

 Point
ミニキャロットではなく、普通のにんじんを使う場合は、縦に四つ割りしてから好みの長さに切ります。

2

鍋にバター、砂糖、塩とにんじんが1/3ほどかぶるくらいの水を入れる。

Point
にんじんを重ならないように並べ、少ない水で煮ることで、味が薄まらず、バターの香りのする味の濃いにんじんのグラッセができます。

3

クッキングシートを鍋の大きさに切って、落としぶたにする。

4

火にかけ、沸騰したら弱火にして25分、ほとんど水分がなくなるくらいまで煮る。

5

出来上がり。

# 2 使い回しのきく保存食

日本でも伝統的な保存食を作る人は減っていると思いますが、フランスでも同じ。たとえばピクルスは家庭ではほとんど作らず、買ってくるものになっています。シャルキュトリー類（ハムやパテ、リエットなどの食肉加工品）も、これによくつけ合わせられるコルニッションという小さなきゅうりのピクルスなども、現在はフランスではすべて買ってくるものです。これらの保存食は毎日の食事に欠かせないものですが、食材が手に入りにくいことも買ってくる理由のひとつ。パテやレバームースに使う豚ひき肉や鶏レバーは、肉屋に頼んで翌日以降にならないと手に入りません。とはいえ手作りの味は格別。日本では豚ひき肉も鶏レバーも手軽に買えると思いますので、ぜひ作ってみてください。

# ギリシャ風ピクルス

Légumes à la grecque


野菜を炒めて、レモン汁と白ワインで酸味をつけながら煮た、ピクルスのような保存食。
ギリシャ風なので、ご多分に漏れずコリアンダーシードの香りがつけてあります。
いろいろな野菜で作っておくと、つけ合わせなどでも大活躍。
野菜はかために仕上げてよく冷やし、キリっと冷やした白ワインといただきましょう。


**材料（4人分）**

にんじん　1本
ズッキーニ　1本
マッシュルーム　8個
カリフラワー　1/4株
※野菜は合計で600〜700g
にんにく　1片
オリーブオイル　大さじ2
塩　小さじ1(6g)
こしょう　少々
白ワイン　150cc
レモン　1個
コリアンダーシード　2g
ローリエ　1枚

◆保存期間/冷蔵庫で3〜4日

作り方

1

にんじんは皮をむき5cmほどの長さに切り、1cm角の棒状にする。

2

ズッキーニは四つ割りにしてから種の部分を切り取り、5cmほどの長さに切る。

3

カリフラワーは軸に包丁を入れてから手で小さく割る。

4

マッシュルームは半分か、大きければ4等分に切る。

5

レモンは半分に切って汁を搾る。

6

鍋にオリーブオイルを熱し、つぶしたにんにくを入れて中火で加熱する。

Point

鍋を傾け、にんにくをよく加熱して香りを出します。

7

野菜を加えて、軽く焼き色をつけ、塩をふる。

8

白ワインを加える。

## 9

5のレモン汁、ローリエ、つぶしたコリアンダーシード、こしょうを加える。

## 12

保存容器に移し、冷蔵庫で冷やす。

ギリシャ風ピクルス

**Point**
お好みでコリアンダー（分量外）を添えてもいいでしょう。

## 10

ふたをして中火で10分煮る。

## 11

途中でふたをずらし、煮汁がなくなるぐらいまで煮たら火を止めて、ふたを取り常温までさます。

**コリアンダーシード**

コリアンダーはパクチーやシャンツァイとも呼ばれ、カレーやエスニック料理に欠かせません。シードは葉っぱとはまた違うさわやかな香り。つぶして使うと風味が増します。

# ピクルス

## Pickles

季節の野菜の酢漬けは食卓に必ず置きたい代表的な作りおき。
ハムやパテなど肉の加工品やサンドイッチなどにも欠かせません。
野菜をさっと湯に通してから酢に漬けるひと手間をかけることで、長期保存ができます。

材料（作りやすい分量）

＜ピクルス液＞
酢（米酢、りんご酢、白ワインビネガーなど）
　　300㎖
水　200㎖
砂糖　100g
塩　10g
ローリエ　1枚
クローブ　2個

きゅうり、にんじん、カリフラワー、パプリカ、
　かぶなど　計約600g
※酸味が強いのが好みなら、白ワインビネガー
　など酸度が高い酢を使うとよい。

◆保存期間/冷蔵庫で1カ月

ピクルス

### 作り方

**1** 鍋にピクルス液の材料を入れてひと煮立ちさせ、冷やしておく。

**2** 野菜は食べやすい大きさに切る。

**3** 鍋に湯を沸かし、野菜を30秒ほどゆでる。

**Point**
この工程の目的は野菜の殺菌。ゆで時間は30秒ほどなので食感は残ります。酢には細菌の増殖を抑える静菌効果しかなく、殺菌はできません。野菜をそのまま酢に入れるだけでは数日後には液体の表面に菌膜ができてしまうことも。長期保存には必ず一度ゆでること。

**4** 3を冷たい水に入れて冷やす。

**5** 清潔な保存瓶に清潔なスプーンなどを使って野菜を入れる。

**6** 1を注ぎ入れる。

**7** しっかり密閉し、冷蔵庫で保存する。最低でも1日は漬けて味をしみ込ませる。

**8** 清潔な器具や箸などを使ってピクルスを取り出す。
日もちさせるために、指などで取り出さないよう注意。

# 豚肉のリエット

Rillettes de porc

フランスにはバターではなくラードをパンに塗って食べていた時代があったと、
何かで読んだことがあります。北欧では今でも残る食文化です。
リエットは豚肉と豚の脂(ラード)が混ざっているもので、パンに塗って食べます。
とても古典的なフランスのお惣菜のひとつです。

材料(作りやすい分量・出来上がり約500㎖)

豚バラ肉　500g
塩　小さじ1(6g)
玉ねぎ　1/2個
にんにく　2片
ブーケガルニ(またはローリエやタイムなど)　適量
白ワイン　100㎖
水　100㎖
黒こしょう　小さじ1/4(0.5g)
バゲット、ピクルス　各適量

◆保存期間/冷蔵庫で2週間

作り方

1

豚肉は2cmほどの厚さに切る。

2

塩をまんべんなくふる。

3

玉ねぎ、にんにくは薄切りにする。

4

フライパンに豚肉を入れて熱し、焼き色がつくように焼く。

5

返して、両面をこんがり焼き、脂ごと別の鍋に加える。

6

5のフライパンに白ワインを入れる。

7

沸騰させ、ヘラで肉汁のおこげ（スュック・P53参照）をこそげながら煮溶かす。

8

5の肉が入った鍋に玉ねぎ、にんにく、水、7の汁、ブーケガルニを加える。

9

ふたをして極弱火で2時間半煮る。煮終わったらふたをしたまま30分おいて少しさます。

豚肉のリエット

## 10
肉、野菜と煮汁に分ける。ブーケガルニは取り除く。

## 14
煮汁のラードがかたまったら、煮汁のみを13に加えて混ぜる。

## 11
煮汁はラード（豚肉の脂）を取り出すために氷水で冷やす。ラードがかたまるまで冷やす。

## 15
味をみて必要なら塩適量（分量外）を加えてととのえ、清潔な保存瓶やラムカン（ココット型）などに詰める。
空気を抜きながら詰めるのがコツ。

## 12
10の肉と野菜にこしょうを加え、ヘラで混ぜる。

## 16
14で取り除いたラードを湯煎して溶かし、15のリエットの表面に流し入れ、冷蔵庫で保存する。

## 13
フォークなどを使って12をよくつぶす。

**Point**
ラードが冷えるとかたまり、空気を遮断するふたの役割となるので長もちします。ラードを流し入れる前に、容器の内側に付着したリエットや煮汁をきれいに拭き取っておくこと。

**Point**
パンに塗りやすいよう、肉の繊維がほぐれるくらいまでつぶします。

## 17
バゲットにリエットを塗り、黒こしょうをふる。ピクルスを添える。

37

—— 鶏レバーのムース 2種 ——
# 鶏レバーのパルフェ
### Parfait de foies de volaille

鶏レバーの料理の中で一番好きなものは？と言われたら、私はこの鶏レバーのパルフェをあげます。ブランデーの香りをきかせて、バター、生クリームを加えればフォアグラのパテのようなリッチな味に。レバー嫌いの人も、ぜひ一度は試してほしいと思います。

**材料**（作りやすい分量・150mlの容器約3個分）

鶏レバー　250g
生クリーム　50ml
溶かし無塩バター　100g
にんにく　1/2片
塩　小さじ2/3（4g）
砂糖　小さじ2（8g）
卵　1個
ブランデー　40ml
黒こしょう、パン、ピクルス　各適宜

◆保存期間/冷蔵庫で1週間

**準備**

・鶏レバーは水で洗って、流水にさらし、脂肪や筋などを包丁で取り除く。
※牛乳に一晩漬けておいて臭み抜きしてもよいが、一番大事なのは新鮮でプリっとしたレバーを買うこと。
・オーブンを140℃に予熱する。

鶏レバーのパルフェ

作り方

### 1
鶏レバーの水気を拭き取り、フライパンに入れて強火で焼き色をつける。
表面を焼きつけ、中は生のままでもよい。

### 2
焼き色がついたら火を止め、ブランデーを入れてアルコールを飛ばす。

### 3
フードプロセッサーに2を汁ごと入れ、熱湯で2分ゆでたにんにく、生クリーム、溶かしバター、塩、砂糖、卵を加える。

### 4
なめらかになるまで攪拌する。

### 5
4をこし器でこす。ここで小さな筋などを取り除く。

### 6
5を型に流し入れ、バットに置いて熱湯を注ぐ。

### 7
140℃に予熱したオーブンで30分湯煎焼きにする。

### 8
火が入り、プリンのようにかたまったら取り出して常温でさまし、ある程度さめたらラップをして冷蔵庫でしっかりと冷やす。中は赤くてもOK。

### 9
器に盛り、黒こしょうを添える。パンを盛り合わせ、ピクルスを添える。

――― 鶏レバーのムース 2種 ―――

# 鶏レバーのムース

### Mousse de foies de volaille

鶏レバーのパルフェをオーブンなしで作れるようにしたレシピ。
加熱したレバーをジューサーミキサーで攪拌するだけなので手軽にできます。
ドライフルーツを添えるほか、バルサミコ酢を煮詰めてとろみをつけたものをかけてもおいしいです。

**材料**（作りやすい分量・出来上がり約400ml）

鶏レバー 250g
無塩バター 100g
ブランデー 60ml
牛乳 30ml
塩 小さじ1/2（3g）
砂糖 小さじ1 1/2（6g）
こしょう 少々

◆保存期間/冷蔵庫で1週間

**準備**

・鶏レバーは水で洗って、流水にさらし、脂肪や筋などを包丁で取り除く。

※牛乳に一晩漬けておいて臭み抜きしてもよいが、一番大事なのは新鮮でプリっとしたレバーを買うこと。

・バターは常温にもどしておく。

鶏レバーのムース

作り方

**1** 鶏レバーの水気を拭き取り、よく熱したフライパンで強火から中火で片面1分ずつ焼く。

**2** 火を止め、ブランデーを加えてアルコールを飛ばす。

**3** 沸騰が収まったらふたをして火を止め、2分ほど余熱で火を通す。

**4** 3と残りの材料をジューサーミキサーに入れ攪拌する。

> **Point**
> フードプロセッサーでもできますが、ジューサーミキサーの方がなめらかに仕上がります。

**5** なめらかになったら容器に入れ、冷蔵庫で冷やしかためる。

**甘酸っぱいものが合う**

鶏レバーのムースやパルフェは、フォアグラと同様、甘酸っぱいものと相性が抜群。バゲットなどに塗って、レーズンやプルーンなどのドライフルーツと一緒に食べると、よりおいしいです。

# パテ・ド・カンパーニュ

Pâté de campagne

フランスのお惣菜屋さんに必ずあるものといえばパテ。保存のきく伝統的なお惣菜です。

パテは魚や肉類を細かくして、他の材料と混ぜて加熱したものです。

テリーヌ型に入れて作ればテリーヌとも呼ばれます。

本来は豚のレバーですが、食べやすいように香ばしい焼き色をつけた鶏レバーを使いました。

## 材料
（縦13cm×横9cm×高さ7cm・630mℓのテリーヌ型1台分）

豚ひき肉　500g
塩　小さじ1 2/3（8g）
こしょう　小さじ1/4（0.5g）
ナツメグ（またはオールスパイスか
　キャトルエピス〈フランスのミックススパイス〉）　少々
鶏レバー　200g
玉ねぎ　1/2個
にんにく　1片
ブランデー　60mℓ
卵　1個
ローリエ　2枚
ピクルス、イタリアンパセリ、黒こしょう　各適宜

◆保存期間/冷蔵庫で2週間

## 準備

・鶏レバーは水で洗って流水にさらし、きれいにしておく。

・オーブンを160℃に予熱する。

43

## 作り方

**1** フライパンに油少々（分量外）を熱し、みじん切りにした玉ねぎとにんにくを炒めていったん取り出し、粗熱を取る。

**2** 鶏レバーは脂肪や筋を取り除く。

**3** よく熱したフライパンに2を入れ、焼き色がつくまで焼く。火を止め、ブランデーを加えて余熱でアルコール分を飛ばす。中は生のままでよい。

**4** 汁ごとフードプロセッサーに入れ、ペースト状になるまで撹拌する。フードプロセッサーがない場合は、包丁でよくたたいてペースト状にするとよい。

**5** ボウルにひき肉、塩、こしょう、ナツメグを入れる。

**6** 粘りが出るまで手でよく混ぜる。豚肉は温度が上がると粘りが出ないので、混ぜる直前までしっかりと冷やしておくこと。

**7** 6に溶いた卵を加え、混ぜてから1を加える。

**8** 4を加えて混ぜる。

**9** ハンバーグを作るときのように中に空気が入らないようにまとめる。

## 10

パテの中に空気が入らないよう型の四隅までしっかり詰める。

## 14

アルミホイルをしたまま常温でさまし、その後冷蔵庫で一晩休ませる。

## 11

ローリエを上にのせる。

### Point
肉汁がまだ赤いのが気になるかもしれませんが、肉類は65℃以上になれば安全に加熱されているので大丈夫。70℃を超えると赤みも失われ、肉がかたくなります。

## 12

表面全体をアルミホイルで覆う。バットに置き、まわりに熱湯を注ぐ。

## 15

パテは容器のまま端から包丁で切り分けて、盛りつける。型から取り出さずに端から包丁で切り出したほうが日もちする。

## 13

160℃に予熱したオーブンで80〜90分ほど湯煎焼きにする。

## 16

切り出したら、残りのパテには手を触れずにぴったりとラップをして空気に触れさせないようにする。

### Point
中心温度が62〜63℃になったらオーブンから取り出し、余熱で65℃以上になるような火加減が理想的。62℃付近になると温度計や串などを刺すと、溶けた脂とともに肉汁があふれ出てきます。

## 17

ピクルス、イタリアンパセリなどを添え、黒こしょうをふる。

パテ・ド・カンパーニュ

# ブルギニョンバター

### Beurre à la bourguignonne

別名エスカルゴバターと呼ばれ、エスカルゴに使われる合わせバターです。
パセリとにんにくの風味の効いた、使い回しのきくバターなので魚介類やきのこ類、
野菜などの味つけ、香りづけに重宝。冷凍保存することもできます。

## 材料(作りやすい分量)

無塩バター(有塩バターでもよい)　200g
にんにく　15g
パセリ　30g
エシャロット(または玉ねぎ)　30g
塩　2g(有塩バターを使う場合は不要)

◆ 保存期間/冷蔵庫で1週間。冷凍庫で1カ月

ブルギニョンバター

作り方

1

パセリは洗い、葉の部分を摘む。

2

フードプロセッサーに、パセリ、小さく切ったエシャロットとにんにく、塩を入れる。

3

みじん切りになるまで撹拌する。

4

バターを加え、さらに撹拌する。

5

ラップを敷いた容器に4を入れて冷蔵庫で冷やす。

6

しっかりと冷えたら取り出して包丁で切って小分けにする。この状態で冷凍してもよい。

## 使い方

貝類、えびなどの魚介類、きのこなどに合わせる。

### えびのブルギニョンバター

材料(2〜3人分)
えび 6尾(約200g)
塩、こしょう 各適量
ブルギニョンバター 30g
サラダ油 少々

作り方
フライパンに油を熱して塩、こしょうをふったえびを焼き、仕上げにブルギニョンバターを加える。ブルギニョンバターが溶けたら軽く加熱し、火を止める。

### きのこのブルギニョンバター

材料(2〜3人分)
お好みのきのこ(マッシュルーム、エリンギ、しいたけなど) 160g
塩、こしょう 各適量
ブルギニョンバター 30g
サラダ油 少々

作り方
フライパンに油を熱し、食べやすくきったきのこを焼きながら塩、こしょうをふる。火が通ったら仕上げにブルギニョンバターを加え、ブルギニョンバターが溶けたら軽く加熱し、火を止める。

# 3 煮込み

煮込み料理は作りおきできて、翌日に温め直してもおいしい便利なお惣菜。日本でもおなじみのル・クルーゼやストウブの鍋は、フランスの家庭でもよく使われます。好まれる理由は鍋丸ごとオーブンに入れられること。長時間の煮込み料理ではオーブンに鍋ごと入れて煮込むと、焦げる心配もなく、火加減の調節も不要です。コンロで煮る場合でもこのような鋳物の鍋は鍋底が分厚いので熱の伝わりが緩やか。ふたが重くて密閉度が高く、内側には加工が施してあり、湯気がふたの裏側に結露して鍋の中に落ち、少量の水分で調理できるという利点もあります。肉の煮込みをおいしくするポイントは、初めに肉を高温で香ばしく焼くこと。それを煮込むと煮汁に焼いたときの味や香りが移り、調味料に頼らなくても十分においしくなります。

# 仔羊のナヴァラン

Navarin d'agneau

「ナヴァラン」だけで仔羊の煮込み料理のことをさします。
通常かぶやグリーンピースなどの春野菜が添えられていることが多いです。
肩肉は煮込むと筋のコラーゲンがとろっとやわらかくなり、味わい深くなります。
ラムチョップを使えば30分ほどの煮込み時間で仕上がります。

材料（4〜6人分）
仔羊肩肉（豚肩ロース肉でもよい）　800g
塩　小さじ1（6g）
こしょう　少々
薄力粉　大さじ1（10g）

玉ねぎ　1個
にんじん　1本
にんにく　1片
サラダ油　適量

白ワイン　100㎖
トマトピューレ　50g
水　400㎖
ブーケガルニ　1本
（ローリエかタイムのどちらかだけでもよい）

＜つけ合わせ＞
かぶ　2〜4個
グリーンピース　50g
さやいんげん　8〜16本
じゃがいも　小4〜8個
塩　適量

◆保存期間 / 冷蔵庫で3〜4日（つけ合わせは冷蔵庫で2日）

作り方

1

玉ねぎ、にんじんは2cm角に切り、にんにくは粗みじん切りにする。

2

鍋に油をひき、1を入れて炒める。

> Point
> 焼き色はつけなくてもOK。玉ねぎが透き通ったら火を止めます。

3

仔羊肩肉を3cm角くらいの大きさに切り、塩、こしょうをふる。

4

薄力粉をふり入れ、手でまんべんなくまぶす。

5

フライパンに油を中火〜強火で熱し、4を焼き色がつくまで焼き、2の鍋に肉を移す。

6

5のフライパンは弱火で水分を飛ばす。

7

肉汁のおこげ（スュック）をフライパンにくっつけて、油だけを捨てる。

8

白ワインを加える。

仔羊のナヴァラン

### 9
肉汁のおこげをヘラでこそげながら煮溶かす。

### 14
くし形に切ったかぶ、上下を切り落としたさやいんげん、グリーンピースはそれぞれ3〜4分ほどゆでる。

### 10
5の鍋に9、トマトピューレ、水、ブーケガルニを加え、沸騰したら火を弱めてアクを取る。

### 15
つけ合わせの出来上がり。

### 11
ふたをして極弱火で1時間半煮る。

### 16
器に12を盛り、つけ合わせの野菜を温めてから添える。

### 12
出来上がり。

### 13
つけ合わせの野菜を塩ゆでする。じゃがいもは皮つきのまま水からゆで、串が通ったら皮をむく。

**スュック**

肉を焼いた後にできる肉汁のおこげがスュック。フライパンに水やワインを注いでスュックを煮溶かして煮汁に加えると、煮込み料理が一段とおいしくなります。

**ブーケガルニ**

タイム、ローリエ、パセリの茎、セロリの葉を結んだもので、煮込み料理に香りをつけるために使われます。ひもで結ぶのは、調理後に取り出しやすくするためです。

# アショア

Axoa

フランスの南西部・バスク地方の料理。フランス、スペインにまたがるこの地方は独特の文化を築いています。エスプレット村特産の唐辛子・ピマンデスプレット、生ハムやパプリカ、トマトを使うのが典型的なバスクの料理。「アショア」はバスク語で細かく刻んだ、という意味で、本来は仔牛の肉で作られます。

材料（2〜3人分）

豚ロース肉（または肩ロース肉）　400g
玉ねぎ　1/2個
パプリカ　1個
にんにく　1片
水　200㎖

塩　小さじ1（6g）
こしょう　適量
ピマンデスプレット（または一味唐辛子）　少々
パセリのみじん切り　適量

◆保存期間/冷蔵庫で3〜4日

作り方

**1** 豚肉は細かく切る。

**2** パプリカは1cm角に切る。

**3** 玉ねぎは1cm角に、にんにくは粗みじん切りにする。

**4** フライパンにオリーブオイル少々（分量外）を熱し、豚肉を炒める。塩小さじ1/2、こしょう少々をふって下味をつけ、ある程度火が通ったら取り出す。

**5** 同じフライパンにオリーブオイル少々（分量外）を足す。

**6** 2、3を加えて炒め、塩小さじ1/2、こしょう少々で下味をつける。

**7** 豚肉をフライパンに戻し、水、ピマンデスプレットを加えて弱火で10分煮る。

**8** パセリを散らして出来上がり。

# ポテ

Potée auvergnate

材料を水で煮るだけですが、ソーセージや肉から出るうまみと野菜の甘さが自然なおいしさ。
キャベツの芯までおいしく食べられるので、ぜひ芯は残したまま煮込んでください。

材料（2〜3人分）

豚バラ肉（または肩ロース肉）　300g
下味用塩　4.2g　＊肉の重量の1.4%
こしょう　少々
ちぢみキャベツ（またはキャベツ）　1/2個
にんじん　1本
じゃがいも（メークインなど）　小2個（150g）

ソーセージ　1本（125g）
ブーケガルニやローリエ、タイムなど　適量
水　500mℓ
塩　小さじ2/3（4g）
ディジョンマスタード　適量

◆保存期間/冷蔵庫で3〜4日

ポ
テ

作り方

**1** 豚肉は味がしみやすく、火が通りやすいように切り分け、塩とこしょうをして30分ほどおく。

**2** にんじんとじゃがいもは皮をむく。

**3** 沸騰させた湯で豚肉を下ゆでし、水気をきる。
下ゆでしておくことでアクが出にくくなり、澄んだスープになる。

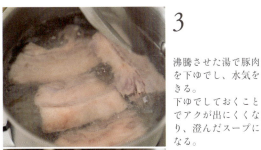

**4** 鍋に3と食べやすく切ったソーセージを入れ、にんじん、じゃがいも、ハーブ類も加える。

**5** 最後に4等分に切ったキャベツをのせ、水を加えて火にかける。

**6** 塩を加え、沸騰させてふたをし、じゃがいもが煮崩れないよう極弱火で最低45分煮る。

**Point** 肉がほろっとくずれるようにやわらかくしたい場合は弱火で1時間半ほど煮ます。

**7** 器に盛り、塩少々(分量外)とディジョンマスタードを添えて、自分の好みの味にしながら食べる。

57

# 魚介とじゃがいもの軽い煮込み

Poêlée de la mer et de pommes de terre

ブルターニュ地方の郷土料理コトリヤード（魚介の煮込み）を簡単に作れるようにアレンジ。

魚介のだしのうまみをたっぷりと含んだじゃがいもがおいしい料理です。

身がかたくならないよう、軽い煮込みにしました。

身近にある手に入りやすい新鮮な魚介類を使って作りましょう。

**材料（2人分）**

魚（たら、さばなどのフィレ）　200g

ムール貝　200g

＊あさりなどで代用可

にんにく　1片

バター　20g

白ワイン　100mℓ

じゃがいも（メークインなど）　200g

タイム　2枝

塩、こしょう　各適量

◆保存期間/冷蔵庫で2日

作り方

### 1
ムール貝の表面をたわしなどを使って洗い、ひげ（足糸）をていねいに抜く。

### 2
鍋に白ワイン、バター、タイム、つぶしたにんにくを入れて熱する。

### 3
ムール貝を入れてふたをし、強火で2分蒸す。

### 4
フライパンにオリーブオイル少々（分量外）を熱し、塩、こしょうをふって食べやすく切った魚を皮目から焼いて取り出す。貝の塩分があるので塩は薄めに。

### 5
じゃがいもは皮をむき、5mmほどの厚さに切る。

### 6
フライパンにじゃがいもと3のムール貝のだし汁を入れて火にかける。

### 7
ふたをして7～8分、弱火にして、じゃがいもに火が通るまで煮る。

### 8
4の魚をフライパンに戻し入れ、煮汁をかける。

魚介とじゃがいもの軽い煮込み

## 9

ムール貝を加えて、
ふたをして温める。

## 10

出来上がり。

Memo

**ムール貝**

フランスで人気の貝といえば、なんといってもムール貝。白ワインで蒸して、ポテトフライを添えて食べるのがフランスの定番です。お店で頼むと、鍋に山盛りになったムール貝が運ばれてきます。食べるときは、ムールの殻でつまんで食べるのをよく見かけます。

ムール貝をひとつ食べたらその殻を利用して、ムール貝をつまんで口に運ぶのです。このほうがフォークで食べるよりも簡単。ムール貝を食べるときはこのスタイルをまねしてみてください。

# 鶏肉のバスケーズ

Poulet basquaise

バスク地方の特産品である生ハムを使うことで味により深みを出した、
鶏肉のトマト煮込みです。トマト煮には、少しピリッと辛い味がとてもよく合います。
こちらもバスク地方の特産品の唐辛子・ピマンデスプレットを加えると、
本格的なバスク風の味になります。

材料(4〜5人分)

鶏もも骨つき肉　4本
＊または鶏もも骨なし肉　4枚(800〜1kg)
下味用塩、こしょう　各適量
＊重量の1％の塩、0.1％程度のこしょうが目安
にんにく　1片
玉ねぎ　1個
生ハム　40g
トマト　4個(500g)
パプリカ　2個(400g)
ブーケガルニ　1本
＊ローリエやタイムで代用可
ピマンデスプレット(または一味唐辛子)　小さじ1/4
白ワイン(または水)　50㎖
塩　小さじ2/3(4g)

◆保存期間/冷蔵庫で3〜4日

作り方

**1** 玉ねぎは小角切りに、にんにくは粗みじん切りにする。

**2** 生ハムは5mmくらいの幅に切る。

**3** パプリカは細切りにする。

**4** 鍋にオリーブオイル適量(分量外)を熱し、1を軽く炒め、生ハムを加えて炒めて火を止める。

**5** トマトを湯むきする。トマトの表面に十字の切れ込みを入れる。

**6** 熱湯に入れてさっと加熱する。

**7** 冷水にとり、皮をむく。

**8** ヘタを取ってざく切りにする。

**9** 4の鍋に8のトマト、塩、ピマンデスプレット、ブーケガルニを加える。

64

## 10

鶏肉は余分な皮や脂を取り除き、関節から2等分にする。骨スキ包丁や出刃包丁があれば足先を切り落とす。

## 14

パプリカを加えてふたをして中火から弱火で15分ほど煮込む。

## 11

10に下味用の塩、こしょうをふる。

**Point**
15分ほど煮ると野菜から大量の水分が出てきます。

## 12

フライパンに油少々（分量外）を熱し、11を皮目から入れてしっかりと焼き色をつけて焼き、9の鍋に加える。

## 15

ふたをはずしてさらに15分、中火から弱火で煮込む。

## 13

フライパンの油を捨ててから白ワインを加え、肉汁のおこげ（スユック・P53参照）を煮溶かして鍋に加える。

**Point**
ふたをはずして煮込むことで、水分を蒸発させ、濃厚なソースにします。

## 16

出来上がり。

鶏肉のバスケーズ

# コック・オ・ヴァン

Coq au vin

コックとは雄鶏のこと。昔は良質な繁殖用雄鶏は長期間飼育されていました。
年老いた雄鶏は肉質がかたいので、これを何とかおいしく食べようと工夫されたのが
この料理だといわれています。鶏肉にしっかりと焼き色をつけ、赤ワインの酸味を
まろやかにするために隠し味にチョコレートを入れると、甘さとカカオのコクで美味に。

材料(4～5人分)

鶏もも骨つき肉　4本
＊または鶏もも骨なし肉　4枚(800～1kg)
下味用塩、こしょう　各適量
＊肉の重量の1％の塩、0.1％程度のこしょうが目安
薄力粉　大さじ2 1/2(25g)
にんにく　3片
玉ねぎ　1個
マッシュルーム　12個
にんじん　1本
赤ワイン　600mℓ
ベーコン　100g
ブーケガルニ　1本
＊ローリエやタイムで代用可
塩　小さじ1/2(3g)
スイートチョコレート(ブラックチョコレート)　15g

◆保存期間/冷蔵庫で3～4日

作り方

**1** 玉ねぎとにんじんは角切りにする。

**2** にんにくは粗みじん切り、マッシュルームは半分に切る。

**3** 鍋にオリーブオイル少々(分量外)を熱し、小さく切ったベーコンを炒め、玉ねぎとにんにくを加えて炒める。

**4** 玉ねぎが透き通ったら、にんじんとマッシュルームを加えて軽く炒める。

**5** 薄力粉をふり入れて混ぜ合わせたら、火を止める。

**6** 鶏肉の余分な皮や脂を取り除く。

**Point**
骨スキ包丁や出刃包丁があれば足先の部分を切り落とします。

**7** 塩、こしょうをふる。

コック・オ・ヴァン

## 8
フライパンにサラダ油少々(分量外)を熱し、7を皮目から入れ、焼き色がつくまで焼き、5の鍋に移す。

## 11
沸騰したら火を一度止め、アクを取り除く。

## 9
フライパンに残った余分な油を捨て、赤ワインを少量加えて、肉汁のおこげ(スュック・P53参照)を煮溶かして鍋に加える。

## 12
ふたをして弱火で25〜30分煮る。

## 13
チョコレートを加えて少し煮込む。

Point
チョコレートを入れ、コクと深み、甘さを加えます。味見をしてもう少し甘さを足したい場合は、チョコレートではなくお好みの砂糖を加えること。

## 10
鍋に残りの赤ワイン、ブーケガルニ、塩を加えて沸騰させる。

## 14
器に盛り、お好みでハーブを散らす。

69

# ワーテルゾーイ

Waterzooi

丸ごと1羽の鶏、ときには魚を水で煮てクリームを加えて作る
ベルギーからフランス北部の郷土料理。日本のクリームシチューに近い味です。
特徴的なのはとろみづけのために卵黄を加えて仕上げること。
鶏むね肉を使うときは、パサつかないようにさっと煮込むだけにしましょう。

材料（4人分）

鶏むね肉　2枚
玉ねぎ　1個
ポワロー　1/2本
セロリ　1本
にんじん　1〜2本
じゃがいも　2個
薄力粉　大さじ1（約10g）
水　600mℓ
塩　小さじ2/3（4g）
ブイヨンキューブ　1個
生クリーム　100mℓ
卵黄　2個
レモン汁　1/2個分
ローリエ、タイム（またはブーケガルニ）　各適量

◆保存期間/冷蔵庫で3日

作り方

1

玉ねぎは3cm×1cmの大きさに切る。

2

ポワローは土が入り込んでいることが多いので、先端を四つ割りにして、水でよく洗ってから小さく切る。

3-1

セロリは包丁で筋を取り除く。

3-2

小さく切る。

4

じゃがいもは小さめに角切りし、にんじんは5mm厚の薄切りにする。

5

鍋にバターまたはサラダ油適量（分量外）を熱し、玉ねぎ、ポワローを数分炒める。

6

セロリ、にんじんを加えてさらに数分炒める。

7

薄力粉をふり入れ、野菜とざっと混ぜる。

**8** 水、塩、ブイヨンキューブ、ハーブを加えて沸騰させ、中火で5分ほど煮込む。

**12** 卵黄と生クリームを混ぜる。

**9** じゃがいもを加えて火を弱め、15分煮込む。

**10** 鶏肉を食べやすい大きさに切り、塩、こしょう各適量（分量外）をふる。塩は肉の重さの1%程度が目安。

**13** 鍋の火を止め、12を加える。仕上げにレモン汁を加える。

**14** 出来上がり。

**11** 9の鍋に鶏肉を加え、肉に火が通るまで2分ほどさっと煮込む。

ワーテルゾーイ

# イタリア風ミートボール

Boulettes de viande à l'italienne

イタリアのミートボール・ポルペッテもフランスのお惣菜屋さんでよく見かけます。
パルメザンチーズを入れインパクトのある味に。パスタを添えて、ソースもしっかりと味わいましょう。

材料（作りやすい分量・4〜5人分）

豚ひき肉（またはあいびき肉） 500g
粉チーズ 50g
にんにく 1/2片
塩 小さじ1/3（2g）
こしょう 少々

パン粉 50g
牛乳 30ml
卵 1個
バジル（あれば）、パスタなど 各適量

〈ソース〉
玉ねぎ 1個
にんにく 1/2片
トマトピューレ 400g
塩 小さじ2/3（4g）
オレガノ 大さじ1（2g）

♦ 保存期間/冷蔵庫で3〜4日

イタリア風ミートボール

作り方

### 1
玉ねぎとにんにくをみじん切りにする。ソースを作る。にんにくの半分をミートボール用にとっておき、残りを鍋に入れサラダ油適量(分量外)で炒める。

### 2
玉ねぎが半透明になったらトマトピューレ、オレガノ、塩を加えてひと煮立ちさせる。

### 3
ミートボールを作る。ひき肉に塩、こしょうを加え、粘りが出るまで混ぜる。卵を加えてさらに混ぜる。

### 4
パン粉、牛乳、粉チーズ、1でとっておいたにんにくのみじん切りを加えてよく混ぜる。

### 5
4を1個30〜35gほどにして丸め、ミートボールを作る。

### 6
熱したフライパンにサラダ油適量(分量外)、5のミートボールを入れて焼き色がつくまで焼きつける。

### 7
フライパンに2を加える。

### 8
ふたをして沸騰させ、10分ほど弱火で煮込む。

### 9
器に盛り、バジルを散らし、パスタなどを添える。

75

# ウフ・アン・ムーレット

Œufs en meurette

ブルゴーニュ地方はワインの特産地。その赤ワインで淡水魚を煮込んだ料理がムーレットです。
ポーチドエッグにベーコンと玉ねぎの入ったリッチなムーレットソースを添えました。トーストにのせて！

材料（ポーチドエッグ4個分）

&lt;ソース&gt;
ベーコン　50g
エシャロット　50g
＊玉ねぎ1/4個で代用可
にんにく　1/2片
バター　15g
薄力粉　大さじ1/2(5g)

マッシュルーム　3個(50g)
赤ワイン　250㎖
ローリエ、タイム　各適量
砂糖　小さじ1(4g)
塩　ふたつまみ（約1g）
パン、シブレット（またはあさつき）
　　　各適量

&lt;ポーチドエッグ&gt;
卵　4個
水　1ℓ
酢　大さじ2
塩　ふたつまみ（約1g）

◆保存期間/冷蔵庫で2日、
　ソースのみ5日

作り方

1 ソースを作る。エシャロットとにんにくは粗みじん切りにする。マッシュルームは薄切りにする。

2 鍋にバターを溶かし、エシャロット、にんにくと小さく切ったベーコンをしっかりと炒める。

3 薄力粉を鍋に加え、焦がさないように炒め合わせる。

4 マッシュルーム、赤ワイン、砂糖、塩、ローリエとタイムを加える。

5 沸騰したら弱火にして15分煮詰める。ゆっくりと煮詰めることで材料からうまみが出て、ソースに一体感も出てくる。

6 ポーチドエッグを作る。湯を沸かして酢と塩を入れ、極弱火にして、あらかじめ割っておいた卵を1つずつゆっくりと加える。

7 スプーンなどでやさしく卵白をまとめる。ある程度かたまったら2個目を加える。残りも同様に、それぞれ2分半を目安にゆでる。

8 ゆで上がったらスプーンでそっと取り出し、湯をきる。

9 器にソースを盛り、ポーチドエッグをのせてトーストしたパンを添え、シブレットなどを飾る。

ウフ・アン・ムーレット

77

# クスクス

Couscous

フランスには北アフリカ系移民も多く住んでいて、
いたるところにモロッコ料理のお店があり、クスクスを囲んでにぎわっています。
「クスクス」は料理自体を指す言葉でもあり、小粒のパスタを指す言葉でもあります。
スパイスのきいたスープを、クスクスにからめながらいただきましょう。

材料（2〜3人分）

ラムチョップ　6本
玉ねぎ　1/2個
にんじん　1/2本
かぶ　1個
ズッキーニ　1本
にんにく　1片
トマトピューレ　50g
水　400mℓ
塩　小さじ2/3（4g）
クスクススパイスミックス
（ターメリック、コリアンダー、キャラウエイ、粉唐辛子など）　5g

＜クスクス＞
クスクス　1カップ（約160g）
熱湯　1カップ（200mℓ）
塩　小さじ1/3（2g）
オリーブオイル　大さじ1

ひよこ豆の水煮　適量
ハリサ　適量

◆保存期間/冷蔵庫で3日

**4**

肉の脂を捨ててサラダ油適量(分量外)を加えて熱する。

作り方

**1**

玉ねぎ、にんじん、にんにくは小さめの角切りにする。早く火が通るように、特ににんじんは小さめに切ること。

**5**

にんにく、玉ねぎとにんじんを炒める。

**2**

ズッキーニは乱切りに、かぶはくし形に切る。

**6**

トマトピューレ、クスクススパイスミックス、水、塩小さじ2/3を加える。

**3**

塩、こしょう各少々(分量外)をふったラムチョップを、熱したフライパンで香ばしく焼く。

脂の部分から焼くと、脂が溶け出すのでフライパンに油をひく必要がない。また脂身にもよく火が通り、おいしく食べられる。焼き上がったら取り出す。

**7**

ラムチョップを戻し、ふたをして5分ほど弱火で煮る。

クスクス

## 8
ズッキーニ、かぶを加え、ふたをしてさらに10分ほど弱火で煮る。

## 12
ラップをして10分放置する。

## 13
クスクスがもどったら、再びホイッパーでダマをなくすように混ぜる。

## 9
クスクスをもどす。クスクスは耐熱ボウルや皿などに入れ、オリーブオイル、塩小さじ1/3を入れる。

### Point
食べる前に電子レンジで温めるといいでしょう。600Wの電子レンジで1分ほどが目安。

## 10
ホイッパーで混ぜ合わせる。

## 14
食べる時は各自の器にラムチョップとクスクスを盛り合わせ、ひよこ豆の水煮やハリサを添えるなどして混ぜながら食べる。

## 11
熱湯を注ぎ入れ、軽く混ぜる。

 memo

### ハリサ
北アフリカで多く用いられる唐辛子とスパイスの効いたペースト。クスクスやタジンなど北アフリカの料理に欠かせない調味料。
ハリサ、クスクススパイスミックスなどは大手スーパーやネットなどで購入可能。

81

# 4 オーブン料理

オーブンはフランスではとても身近な調理道具。グラタンや肉のロースト、野菜を丸ごと焼くなど、オーブン料理はポピュラーな家庭料理です。煮込み料理でもオーブンに鍋ごと入れて作るほど。放り込んでしまえばコンロのようについていなくてもいいので、多くの家庭が休日だけでなく忙しい平日にもオーブンを使っていると思います。
たとえば4人分のステーキと4人分のローストなら、火の入れ加減にそれほどこだわらなければ、オーブンに入れるだけのローストの方がラクですよね。
かたまり肉を買ってきてオーブンで焼く。その間につけ合わせやサラダを作るという風に時間を有効に使えるのもいいところだと思います。

# サーモンのパルマンティエ

Parmentier de saumon

「パルマンティエ」はじゃがいもを使った料理につけられる名前です。
これはポワローのホワイトソース、香ばしく焼いたサーモン、
バターがきいたじゃがいもの三層構造のグラタン。
じゃがいもが大好きなフランス人に人気の家庭料理のひとつです。

材料（2〜3人分）

サーモン　2切れ
ポワロー（または長ねぎ）　100g
にんにく　1片
牛乳　200mℓ
薄力粉　大さじ1（10g）
じゃがいも　300g
無塩バター　50g
塩、こしょう、シュレッドチーズ　各適量

◆保存期間/冷蔵庫で2日

準備

・オーブンを200℃に予熱する。

作り方

1

にんにくはみじん切りにする。

5

ポワローがしんなりしたら薄力粉を加えて混ぜる。

2

ポワローは縦半分に切って、薄切りにする。

6

牛乳を加え、混ぜながらしっかりと沸騰させる。

3

鍋にサラダ油少々（分量外）を熱し、にんにくの香りが出るまで炒める。

7

火を弱め、とろみがつくまで混ぜながら加熱する。

4

ポワローを加え、塩、こしょうをふって炒める。

8

耐熱皿に入れる。

86

サーモンのパルマンティエ

9 フライパンにサラダ油少々（分量外）を熱し、塩、こしょうをふったサーモンを焼き色がつくまで焼く。

14 ゆで上がったじゃがいもにバターを加え、フォークなどでつぶしながらバターを溶かす。塩 約2gを混ぜて溶かし、味をつける。

10 余分な油をキッチンペーパーなどで取り除く。

15 12に14を入れ、平らにならす。

11 サーモンをヘラなどで軽くほぐす。

12 8の耐熱皿に敷き詰める。

16 チーズをかけて、200℃に予熱したオーブンで20分ほど、焼き色がつくまで焼く。材料には火は通っているのでオーブントースターなどで焼き色だけつけても。

13 じゃがいもは皮をむき、2cmほどの角切りにし、水から煮る。沸騰してから12〜13分したら、フォークなどを刺してみてやわらかくなっているか確認して取り出す。

17 出来上がり。

# タルティフレット

Tartiflette

冬になると食べたくなる家庭料理が、濃厚なチーズとじゃがいものグラタン・タルティフレット。
フランスの山間部・サヴォワ地方の料理です。本来はルブロションという濃厚でまろやかなチーズを使います。
日本では手に入りにくいので、カマンベールで代用してもおいしく作れます。

材料（4〜5人分・20cm×23cmのオーバル型耐熱皿1台分）

じゃがいも　500g
ベーコン　75g
玉ねぎ　1個
白ワイン　100mℓ
生クリーム　100mℓ
塩、こしょう　各適量

ルブロションチーズ
（またはカマンベールチーズ）　250g

◆保存期間/冷蔵庫で2〜3日

準備

・オーブンを200℃に予熱する。

タルティフレット

## 5
鍋に4、かぶるぐらいの水を入れて沸騰させ、極弱火にして10分ほどゆで、ざるに上げる。
水1ℓに塩5gの割合でゆでると、じゃがいもに薄い下味がつく。

作り方

### 1
フライパンにサラダ油少々(分量外)を熱し、薄切りにした玉ねぎと、小さく切ったベーコンを入れてよく炒める。

### 6
耐熱皿に5のじゃがいもを並べ、上から3を敷き詰める。

### 2
白ワインを加え、水分がなくなるくらいまで中火で煮詰める。

### 7
チーズは半分の厚さに切り、6にのせる。

### 3
生クリーム、塩ひとつまみ、こしょう少々を加えて一度沸騰させる。

### 8
200℃に予熱したオーブンで、約15分、チーズが溶けて少し焦げ目がつく程度まで焼く。

### 4
じゃがいもは皮をむき、1cm弱厚さに薄切りにする。

### 9
出来上がり。

# 生地なし簡単キッシュ

## Quiche sans pâte

キッシュを作るうえで大変なのが生地作りですが、生地がなくてもおいしいキッシュが作れます。オーブンで焼いている間に他の料理も作れるので、もう一皿品数を加えたい場合などにおすすめです。

### 材料（直径18cmのパイ皿1台分）

- 薄力粉　大さじ3
- 牛乳　100mℓ
- 生クリーム　100mℓ
- 卵　3個
- シュレッドチーズ　50g
- 塩　小さじ1/2（3g）
- ハム　100g
- ほうれん草（下ゆでしたもの）　50g

◆保存期間/冷蔵庫で2〜3日

### 準備

・オーブンを180℃に予熱する。
・パイ皿にバター（分量外）をたっぷり塗り、薄く薄力粉（分量外）をまぶす。

生地なし簡単キッシュ

作り方

1

ボウルに薄力粉を入れ、牛乳の半量ほどを加える。

2

ホイッパーでよく混ぜる。

3

卵を加え、混ぜる。

4

残りの牛乳と生クリームを加えて混ぜ合わせる。

5

チーズ、塩を加えてさらに混ぜる。

6

パイ皿に5を加え、小さく切ったハムとほうれん草を散らす。

7

180℃に予熱したオーブンで約40分焼く。

8

出来上がり。

91

# トマトファルシ

## Tomates farcies

トマトをくりぬき、中にひき肉を詰めて焼き上げます。
フランスではソーセージ用に味つけされたひき肉が簡単に買えるので、これを詰めてオーブンへ。
トマトの中身はトマトソースにして一緒に消費。トマトの優しい酸味とひき肉の相性はぴったりです。
食卓に出せば見た目も味も満足させられる一品になります。

**材料 (4~8人分)**

トマト　8個
玉ねぎ1個
にんにく　1/2片
豚ひき肉　500g
塩　小さじ1 (6g)
こしょう　少々
ナツメグ　少々
牛乳　80mℓ
パン粉　50g
パセリのみじん切り (あれば)　10g
塩　小さじ1/3 (2g・ソース用)
サラダ油　少々

♦保存期間/冷蔵庫で2〜3日

**準備**

・オーブンを200℃に予熱する。

93

## 作り方

### 1
玉ねぎ、にんにくはみじん切りにする。

### 2
鍋に油を熱し、1の半量を入れて炒める。

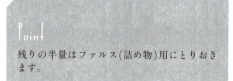

**Point**
残りの半量はファルス(詰め物)用にとりおきます。

### 3
トマトの上部をまっすぐに切り落とし、とっておく。

### 4
スプーンなどを使って中身を取り出す。

### 5
トマトの中身をハンディーブレンダーやジューサーミキサーなどでジュースにする。機械がない場合は、果肉を包丁で細かく切る。

### 6
2の鍋に5とソース用の塩を入れ、弱火で15分ほど煮詰めてソースにする。

### 7
豚ひき肉に塩、こしょう、ナツメグを加え、よく混ぜる。

### 8
粘りが出たら、パン粉と牛乳を加えて混ぜる。

9

2でとっておいた生の玉ねぎとにんにく、パセリを加える。

14

切り取ったヘタの部分を上にのせる。

10

よく混ぜ合わせる。

15

200℃に予熱したオーブンで約40分焼く。

11

10を4のくりぬいたトマトに詰める。

16

出来上がり。

12

耐熱皿に6のソースを注ぐ。

17

つけ合わせにバターとローリエを加えて炊いたご飯を添える。

13

11のトマトを並べる。

memo

**パンは必ず**

意外かもしれませんが、トマトファルシにはご飯を添えることが多いのです。バターとローリエを入れて炊き上げると、つけ合わせにぴったりな洋風ご飯になります。
フランスに来てびっくりするのが、つけ合わせがご飯であっても、必ずパンと一緒に提供されること。フランスではご飯は主食ではなくつけ合わせで、フランスの食事にはどんなときでもパンは欠かせません。

トマトファルシ

95

# 夏野菜のティアン

Tian de légumes

南仏のミックスハーブ・エルブドプロヴァンスをかけてオーブンで焼き上げた、見た目もきれいなグラタンです。野菜にしっかりと塩をして味つけしてから焼き上げること。ハーブで香りよく仕上げるのがポイントです。

材料（24cm×17cmのオーバル型耐熱皿1台分）
なす　2～3本
ズッキーニ　1～2本
トマト　2～3個
エルブドプロヴァンス
（またはタイムなどのハーブ）　適量
玉ねぎ　1個
にんにく　1片
オリーブオイル、塩、こしょう
　各適量

◆保存期間/冷蔵庫で2～3日

準備
・オーブンを200℃に予熱する。

夏野菜のティアン

作り方

1

玉ねぎ、にんにくは粗めのみじん切りにする。

2

フライパンにオリーブオイルを熱し、1をじっくりと炒め、軽く塩、こしょうをふる。

3

耐熱皿に2を広げて入れる。

4

なす、ズッキーニは5〜8mm厚さの薄切りにする。大きいものは半月の薄切りにする。

5

トマトは横に5〜8mm厚さに切る。

6

4、5をまな板やバットなどに並べ、塩、こしょうをふる。

7

3にトマト、ズッキーニ、なすを各1切れずつ順に並べる。

8

オリーブオイルを全体に回しかける。エルブドプロヴァンスなどのハーブをふる。

9

200℃に予熱したオーブンで約30分焼く。

# 5 お弁当のおかず

意外かもしれませんが、結構前からフランスでもBentoがはやっています。弁当箱はBoîte BentoやBento Box、Lunch Boxとの表記で売られています。アメリカでもはやっているようで、Bentoはもはや国際語になりつつあるのだろうと感じます。

弁当が人気の背景には、外食費の節約、栄養バランスの良い食事をとりたい、などの理由があると思います。昼食をレストランで食べたら、最低でも2000円以上かかりますので、毎日外食はできませんよね。安いのはファストフードのハンバーガー、ケバブ、サンドイッチ、スーパーで買う日本のコンビニ弁当のような加工品、冷凍食品のパスタやラザニアなどです。

日本のお弁当に使えるようなフランスのお惣菜をご紹介します。参考にしてみてください。

# ポタージュサンジェルマン

Potage Saint-Germain

「ポタージュサンジェルマン」とはグリーンピースを使ったポタージュのこと。
きれいな若葉色で、春の季節を感じさせるイル・ド・フランスの郷土料理です。
ジューサーでなめらかにすることで口に入れた瞬間に味と香りが広がり、
素材のおいしさをより堪能できるようになります。
スープジャーに入れてお弁当に持って行っても！

材料 (4〜6人分)

グリーンピース　300g
玉ねぎ　1個
ベーコン　50g
水　300mℓ
塩　小さじ1/2(3g)
生クリーム　50mℓ
食パン　1枚
バター　20g
セルフィーユやパセリなど　各適量

◆保存期間 / 冷蔵庫で2日

作り方

**1** グリーンピースはたっぷりの湯に入れて2分間下ゆでする。

**2** ざるに上げ、冷水で冷やして水気をきる。

**3** 玉ねぎは薄切りにする。

**4** ベーコンは5mm幅に切る。

**5** 鍋にバターかサラダ油少々（分量外）を熱し、玉ねぎとベーコンを色づかないように弱火でていねいに炒める。

**6** 水、塩を加えて火を強め、沸騰させる。

**7** グリーンピースを加えて、やわらかくなるまで中火で数分煮る。

煮過ぎると色が悪くなるので注意しましょう！

**8** 火を止めて生クリームを加える。

## 9
ジューサーミキサーに8を入れて、なめらかになるまで撹拌する。
このあと鍋に移して温め、味をみて塩少々(分量外)でととのえる。

## 11
フライパンにバターを溶かし、10を入れてカリカリになるまでじっくり弱火で炒め、クルトンを作る。

## 12
器に9を盛り、ハーブ類、クルトンを散らし、飾りにお好みで生クリーム少々(分量外)をかける。

## 10
食パンは耳を除き、5mm角に切る。

## 13
出来上がり。

**スープは家庭料理**

フランスのレストランではスープを注文する人はあまり多くいません。そもそもメニューにないお店もあります。それは家庭でよくスープを食べているため、レストランでわざわざ注文することが少ないのが理由のひとつでしょう。そのくらいスープは家庭でよく作られています。また、日本ではジャーポットに入れてスープやみそ汁をお弁当に持って行くのがはやっているようですが、フランスでは見かけません。

ポタージュサンジェルマン

# コルドンブルー

Cordon bleu

もっともポピュラーなお惣菜で、ありふれ過ぎているため、なかなか手作りをしなくなっているようです。ただ、手間をかけて自分の手で作れば驚くほどおいしい！ フランスのお弁当のおかずに大人気です。

材料（4人分）

鶏むね肉　2枚　　　　薄力粉　適量
塩、こしょう　各少々　溶き卵　1個分
ハム　4枚　　　　　　パン粉　適量
スライスチーズ　4枚　サラダ油　適量

◆保存期間/冷蔵庫で3〜4日

コルドンブルー

作り方

1

1枚の鶏肉を半分に切り、さらに半分に薄く切る。

4

ハム、チーズをのせて半分に折りたたむ。

Point
包丁を寝かせて切り開くのがコツ。

5

薄力粉をまぶして、溶き卵、パン粉を順につける。

2

肉をラップで挟み、フライパン、鍋、肉たたきなどでたたいて平らにする。

6

フライパンに多めの油を熱し、5の両面に焼き色をつけて焼く。
バットなどに入れて油をきる。

3

塩、こしょうをふる。

7

出来上がり。包丁で切ると中からチーズが溶け出てくる。
器に盛り、好みの野菜をつけ合わせる。

105

# ズッキーニファルシ
# &
# ミニトマトファルシ

Courgettes et tomates cerises farcies

ハンバーグを作る手順で材料を混ぜ、野菜に詰めてオーブンで焼くだけ。
おしゃれなお弁当のおかずになります。
ひき肉はどんな野菜にも使い回しのできる素材です。お弁当には水気の少ないズッキーニや、
お弁当箱に入れやすいミニトマトに詰めるといいでしょう。

**材料（4〜5人分）**

ズッキーニ　3〜4本
ミニトマト　10個
玉ねぎ　1/2個
にんにく　1/4片
豚ひき肉　500g
塩　小さじ1（6g）
こしょう　適量
ナツメグ　少々
牛乳　80㎖
パン粉　50g
パセリ（あれば）　10g

◆ 保存期間 / 冷蔵庫で2〜3日

**準備**

・オーブンを200℃に予熱する。

作り方

**1** 玉ねぎとにんにくをみじん切りにする。

**4** 2の玉ねぎとにんにく、あればパセリのみじん切りを加える。

**2** 鍋にサラダ油少々（分量外）を熱し、1を炒める。

**5** 粘り気が出るまで手でよく混ぜる。

**6** ズッキーニは包丁で縦半分に切ってからスプーンで中身をくりぬく。

**3** ひき肉に塩、こしょう、ナツメグを加え、よく混ぜて粘りが出たら、牛乳、パン粉を加える。

**Point** お弁当用にはズッキーニの切り方を変えて輪切りにし、中をくりぬくといいでしょう。

**7** ミニトマトはヘタの部分を切り落とし、とっておく。中はくりぬく。

## 8

くりぬいたミニトマトに5を詰め、上にヘタの部分をのせる。

## 10

200℃に予熱したオーブンで約30分焼く。

## 9

くりぬいたズッキーニに5を詰める。

## 11

出来上がり。

ズッキーニファルシ＆ミニトマトファルシ

# ファラフェル

## Falafels

ひよこ豆はなかなか使いどころのわからない食材かもしれませんね。
煮込みに入れてもいいですが、一押しはコロッケ。淡白なひよこ豆にスパイスをきかせれば、
食欲の湧く香りがする「ファラフェル」と呼ばれるレバノン料理になります。
生野菜と一緒にピタパンやラップサンドにしてヘルシーに。ピクニックに最適です。

**材料**(ひと口サイズのコロッケ16個分)

ひよこ豆の水煮缶　1缶(固形量240〜250ｇ)
コリアンダー　10ｇ
玉ねぎ　1/2個
にんにく　1片
クミンパウダー　小さじ1
塩　小さじ1/3(2ｇ)
薄力粉　大さじ2

＜ごまとヨーグルトのソース＞
無糖プレーンヨーグルト　100mℓ
練りごま(タヒニ)　30ｇ
おろしにんにく　1/2片分
レモン汁　大さじ1
塩　少々
黒こしょう　少々
オリーブオイル　少々

(お好みで)パセリ、ミント、トマト、ベビーリーフなど　各適量

◆保存期間/ファラフェル、ソースともに冷蔵庫で3〜4日

作り方

**1** フードプロセッサーに小さく切った玉ねぎとにんにく、コリアンダーを入れて撹拌し、みじん切りにする。

**2** ゴムベラなどを使って側面に貼りついた野菜を落としながら、何回か撹拌して細かくする。

**3** ひよこ豆、クミンパウダー、塩、薄力粉を加えて撹拌する。

**4** ひよこ豆の粒が残る程度に食感を残した方がおいしい。

**5** ひと口大にまとめる。1個あたり約25gを目安にして16個作る。

**6** 揚げ油適量（分量外）を170℃に熱し、5をきつね色になるように揚げる。

**7** キッチンペーパーなどで油をきる。

**8** ごまとヨーグルトのソースを作る。ヨーグルトに練りごま、レモン汁を加えて混ぜる。

**9** ソースの残りの材料を、すべて混ぜ合わせる。

112

ファラフェル

**10** 器に7を盛り、トマトやベビーリーフなどお好みの野菜をつけ合わせ、9のソースを添え、ソースをつけていただく。

> **Point**
> ソースにはお好みでミントやパセリを加えてもおいしいです。

### 食べ方のアレンジ

ピタパンにごまとヨーグルトのソースを塗り、ひよこ豆のコロッケとともに食べやすく切ったトマト、コリアンダー、ベビーリーフなどの生野菜を置き、ラップサンドにしてもおいしい。

スプーンでソースを塗り広げる。

野菜、コロッケをのせて包む。

**Memo**

**タヒニ**
タヒニは中東でよく食べられているごまのペースト。

**Memo**

**ひよこ豆**
ガルバンゾーともいわれるひよこ豆は、フランスではとても人気。コロッケのほかサラダ、クスクス、煮込み料理と幅広く使われています。人気のわけは、フランスは移民が多く、中東のファラフェル、アラブ圏のクスクスなどひよこ豆を使った料理が定着し、広まったためのようです。

# 6 デザート

フランスでは食事の最後のデザートは欠かすことのできないものです。
「デザートがないと食事は終わらない」といわれるほど。女性だけでなく、男性も甘いものが大好きです。
平日はフルーツ、ヨーグルト、フロマージュ ブランのほか、スーパーの市販のデザートやパン屋で買うケーキなどを食べます。フランスのパン屋では、ケーキ類も扱っているお店がほとんどです。
デザートを手作りするとしたらパーティのとき。ガトーショコラ、パウンドケーキ、クレープ、クラフティ、少し手が込んだものならタルトなどを手作りします。

# サブレディアマン

Sablés diamant

「ディアマン」とはフランス語でダイヤモンド。クッキーの周りのグラニュー糖がキラキラしているので、
その名がつきました。口の中でさっくりと崩れる軽い歯触りが特徴。
冷蔵庫で生地を寝かせるものをアイスボックスクッキーといい、
型抜きするクッキーより効率的に作れます。抹茶やココアを入れたアレンジも楽しめます。

材料 (直径約5cmのクッキー約20個分)

無塩バター　90g
粉糖　40g
薄力粉　100g
アーモンドプードル　30g
塩　ふたつまみ(1g)
卵黄　1個(20g)
グラニュー糖　適量
バニラエッセンス　数滴

◆保存期間/日の当たらない涼しい場所で1週間
　(生地の状態は冷蔵庫で
　3〜4日。冷凍庫で1カ月)

準備

・オーブンを180℃に予熱する。

### 作り方

**1** フードプロセッサーに薄力粉、ざっくり切った冷たいバター、アーモンドプードル、粉糖、塩を入れる。

**2** 砂状になるまで攪拌する。

**3** 卵黄、バニラエッセンスを加えて、生地がまとまるまで、さらに攪拌する。

**4** 3のサブレ生地を取り出して、手のひらで押しつぶしながら軽く混ぜる。

**5** 薄力粉(分量外)を軽くまぶしながら、直径5cm×20cmほどの棒状に成形する。

**Point**
やわらかくて棒状に成形できない場合は、冷蔵庫で30分程度冷やしてから成形するといいでしょう。成形後はラップで包み、冷蔵庫で2時間しっかりと冷やしてから次の工程へ進みます。

**6** グラニュー糖を全体にまぶしつける。

**7** 1cm幅に切る。

**Point**
このときサブレ生地がしっかりと冷えていないと、形よく切ることができないので注意!

118

## アレンジ
### 抹茶入りとココア入りのサブレ

作り方はプレーンと同じだが、薄力粉100gのうち、5gを抹茶パウダーに置きかえると抹茶のサブレに、20gをココアパウダーに置きかえるとココアのサブレになる。

**1** 薄力粉の一部を抹茶パウダーまたはココアパウダーにおきかえてフードプロセッサーに入れて撹拌する。

**2** プレーンと同様に棒状に形を整え、グラニュー糖をつける。

**3** 冷蔵庫でしっかりと冷やし、1cm幅に切る。

### フードプロセッサーがない場合

フードプロセッサーがなければ、ボウルに材料を入れ、ホイッパー、ゴムベラ、手などで混ぜて作ることができます。以下のA、Bふたつの方法があります。

**A** ポマード状にしたバターに粉糖、卵黄、粉類の順に加えて混ぜる。出来上がりの生地がやわらかいので、棒状に成形する前に冷蔵庫で30分ほど冷やすこと。

バターは室温にもどしてからホイッパーでよく練ってポマード状にして使う。

**8** 天板にオーブンシートを敷き、サブレ生地を並べて180℃に予熱したオーブンで、18〜20分焼く。

**9** 常温でさます。

**B** 冷たいまま小さく切ったバターに粉類を加え、手でさらさらになるまで混ぜ、卵黄を加えてまとめる。p118の4の工程を経て、冷蔵庫で30分冷やしてから成形する。

生地を均一にするため、p118の4の工程は必ず忘れずに行う。

**10** 出来上がり。

# ブールドロ

Bourdelot

りんごを丸ごとパイ生地で包んで焼き上げる「ブールドロ」は別名「デューイヨン」とも呼ばれる、りんごの特産地ノルマンディ地方のお菓子です。りんごはやわらかく加熱され、りんごジャムのようになり、さっくりとしたパイ生地との相性は抜群です。

材料 (2人分)

りんご　2個
パイシート　200g
お好みの砂糖　25g
シナモン　0.5g
卵黄　1個

◆保存期間/冷蔵庫で3〜4日

準備

・オーブンを200℃に予熱する。

ブールドロ

## 作り方

### 1
パイシートはりんごを包むのに十分な大きさに伸ばす。

### 5
パイシートを接着させるために、刷毛で卵黄を塗る。

### 2
りんごの皮をむいて芯をくりぬく。半分に割ってから芯を取り除いてもよい。

### 6
残った卵黄に小さじ1/2程度の水を加えて塗りやすくし、5の表面に塗る。

### 3
砂糖とシナモンを混ぜ合わせる。2のりんごにまぶす。

### 7
200℃に予熱したオーブンで約30分焼く。

### 4
パイシートの上にりんごをのせ、包む。

### 8
出来上がり。少しさまし、まだほんのり温かいときが一番おいしく、おすすめ。

121

# ファーブルトン

Far breton

フランス北西部ブルターニュ地方に古くから伝わる伝統菓子です。
ラム酒とバニラの香りにもっちりとした食感が特徴。ドライプルーンを入れて味のアクセントに。

材料（直径18cmの丸型1台分）

プルーン　150g
牛乳　300mℓ
無塩バター　25g
グラニュー糖　70g
塩　ひとつまみ
薄力粉　70g
卵　2個

ラム酒　20mℓ
バニラエッセンス　数滴
（またはバニラエクストラクト
　小さじ1）

◆保存期間／冷蔵庫で3～4日

準備

・牛乳は常温にする。
・バターは電子レンジなどで溶かす。
・オーブンを220℃に予熱する。

ファーブルトン

作り方

1 型にバター(分量外)をまんべんなく塗る。

2 プルーンを敷き詰める。

3 グラニュー糖、塩、ふるった薄力粉をボウルに入れて混ぜる。

4 3に卵を加える。

5 ホイッパーでよく混ぜる。

6 牛乳、バター、ラム酒とバニラエッセンスを加えて混ぜる。

7 型に6を流し入れる。

8 220℃に予熱したオーブンで、30〜35分焼く。

9 粗熱が取れたら出来上がり。
少し温かくても、冷蔵庫で冷やしてもおいしい。

123

# ヨーグルトとフルーツの ヴェリーヌ

Verrine de yaourt et fruits frais

ヨーグルトのさっぱりとしたムースにフルーツを合わせた、さわやかなデザート。
グラスに盛りつけたデザートや料理を「ヴェリーヌ」と呼び、層になるように重ねると見た目にもかわいらしく。

材料（300mlの大きめグラス4個分）
無糖ギリシャヨーグルト（または水きりヨーグルト）　250g
生クリーム　200ml
グラニュー糖　40g
粉ゼラチン　2g

お好みのフルーツ　約300g
お好みのクッキー　80g

◆保存期間/冷蔵庫で2〜3日

ヨーグルトとフルーツのヴェリーヌ

作り方

**1** 粉ゼラチンに小さじ2（10㎖）の水を加えて、ふやかす。ヴェリーヌを作ってすぐに食べる場合は、ゼラチンは省略してもOK。

**2** ポリ袋にクッキーを入れ、めん棒などでたたいて砕く。

**3** 生クリームにグラニュー糖を加えて、八分立てにする。

**4** ギリシャヨーグルトを加えて混ぜる。

**5** ゼラチンを600Wの電子レンジに10秒ほどかけて溶かす。

**6** 5に4のムースの少量を加えて混ぜる。

**7** 6を4に戻し入れ、混ぜ合わせる。

**8** グラスに砕いたクッキーを入れる。大きめのグラスなら4つに、小さめのグラスなら6つに分ける。7のムースをスプーンですくってグラスに入れる。

**9** フルーツ、ムース、フルーツの順で積み重ねる。

125

# 洋梨のコンポート

Compote de poires

洋梨は、熟すタイミングを逃すと傷んでしまいがち。かたい状態の洋梨でもコンポートにすればおいしい状態が保たれます。洋梨がたくさんあった場合はお試しください。

材料（4人分）

洋梨　4個

A ┌ 水　600mℓ
　├ ワイン　400mℓ　＊白でも赤でもお好みで
　├ グラニュー糖　150g
　├ シナモンスティック　1本
　└ レモン汁　1/2個分

◆保存期間/冷蔵庫で10日

洋梨のコンポート

> Point
> 洋梨の熟し具合によって煮る時間を調整します。鍋に入りにくいようなら、半分に切っても。その場合の加熱時間は15〜20分です。

作り方

**1** 洋梨の皮をピーラーなどでていねいにむく。
あまりにも熟している洋梨は煮ている間に溶けてしまうことがあるので、避けること。

**7** 串などを刺して、やわらかくなっているか確認したら火を止める。

**2** 鍋にAを入れて沸騰させる。

**8** そのまま粗熱をとり、汁ごと保存用器に移し、冷蔵庫で冷やす。

**3** 洋梨をそっと入れる。

Memo

### 食べ方のアレンジ

牛乳100mlを温め、刻んだスイートチョコレート100gを溶かしチョコレートソースを作り、洋梨のコンポートにかける。温かいままのソースでも、常温まで冷ましたソースでもお好みで。

温めた牛乳にチョコを入れて混ぜる。

ホイッパーでよく混ぜながら溶かす。

**4** キッチンペーパーなどで落としぶたをして、弱火で20〜25分煮る。

＊コンポートが冷えたらそのまま食べてもいいですが、フランスではチョコレートソースをかけて食べることもあります。洋梨とチョコレートは相性抜群！

えもじょわ

1980年山形県酒田市生まれ。調理師専門学校卒業後、料理人（キュイジニエ）に。2010年渡仏。2014年よりブログでお菓子と料理レシピを紹介。美しい写真とわかりやすいレシピ、作り方のコツ、フランスに関する雑記などで人気を得る。YouTube、ニコニコ動画などに料理動画を投稿し、YouTube総視聴回数は7000万回にも及ぶ（2019年4月末時点）。著書に『パリ在住の料理人が教える　誰でも失敗なくできるスイーツレシピ』『パリ在住の料理人が教える　フライパンでできる本格フレンチレシピ』『パリ在住の料理人が教える　一生ものの定番スイーツレシピ』（すべてKADOKAWA）がある。

EMOJOIE CUISINE
http://emojoiecuisine.hatenablog.com/
https://www.youtube.com/user/emojoie/

パリ在住の料理人が教える
作りおきできるフランスのお惣菜

2019年4月25日　初版発行

著者／えもじょわ

発行者／川金　正法

発行／株式会社KADOKAWA
〒102-8177　東京都千代田区富士見2-13-3
電話　0570-002-301(ナビダイヤル)

印刷所／大日本印刷株式会社

本書の無断複製（コピー、スキャン、デジタル化等）並びに
無断複製物の譲渡及び配信は、著作権法上での例外を除き禁じられています。
また、本書を代行業者などの第三者に依頼して複製する行為は、
たとえ個人や家庭内での利用であっても一切認められておりません。

●お問い合わせ
https://www.kadokawa.co.jp/（「お問い合わせ」へお進みください）
※内容によっては、お答えできない場合があります。
※サポートは日本国内のみとさせていただきます。
※Japanese text only

定価はカバーに表示してあります。

©Emojoie 2019 Printed in Japan
ISBN 978-4-04-604279-8 C0077